Tu préfères QUOI?

ISBN - 13: 9798572083804
@2020 EDITIONS FUNTASTIC
TOUS LES DROITS SONT RÉSERVÉS.

Aucune partie de cette publication ne peut être
reproduite, distribuée, ou transmise sous toute forme ou
par tout moyen y compris photocopie, enregistrement ou autres
méthodes électroniques, sans la permission écrite antérieure
de l'auteur, sauf dans le cas de brèves citations
dans les revues critiques et certains autres usages
non commerciaux autorisés par la loi sur le droit d'auteur.

Ce jeu du TU PRÉFÈRES QUOI?

appartient à:

SOMMAIRE

Règle du jeu 5

Partie 1 7

Partie 2 21

Partie 3 35

Partie 4 49

Partie 5 63

Partie 6 77

Comptage final 93

Diplôme 97

RÈGLES DU JEU

Le jeu se joue à 2 ou à plusieurs. Plus il y a de fous et plus on rit!

Ce livre propose 5 parties, avec 20 questions chacune.

1) A tour de rôle, un joueur est désigné comme «juge» et lit une question à voix haute à tout le groupe.

2) Chaque joueur doit répondre à la question en choisissant une réponse. Il est interdit de répondre «les deux» ou «rien du tout». Les joueurs doivent également donner une petite explication.

3) Quand tout le monde est passé, le juge choisit l'explication qu'il a préférée. Ça peut être l'explication la plus drôle, la plus originale, la plus intelligente... Le juge écrit le nom du gagnant sous la question et lui attribue un point.

S'il n'y a que 2 joueurs, le juge lit la question, attribue entre 1 et 3 points pour la réponse (3 points étant le meilleur score) et inscrit le résultat dans l'espace situé sous la question.

5) Quand la partie est terminée, les joueurs totalisent leur nombre de points pour déterminer le nom du vainqueur.

6) Si deux joueurs se retrouvent ex-aequo, une question subsidiaire leur sera posée. C'est l'ensemble des autres joueurs qui votera pour la meilleure explication.

S'il n'y a que 2 joueurs, c'est celui qui fait le plus rire son adversaire qui a gagné.

Il est aussi possible de jouer en équipes plutôt qu'en individuel.

Le diplôme final reviendra au joueur qui a gagné le plus de parties!

Amusez-vous bien!

PARTIE N°1

TU PRÉFÈRES...

manger des pâtes à la sauce caramel

OU

manger des bananes à la sauce tomate?

GAGNANT: POINTS:

TU PRÉFÈRES...

avoir le cou d'une girafe

OU

les oreilles d'un éléphant?

GAGNANT: POINTS:

TU PRÉFÈRES...

rester debout

OU

rester assis toute la journée?

GAGNANT:　　　　　　　　POINTS:

TU PRÉFÈRES...

pouvoir parler toutes les langues du monde

OU

pouvoir parler aux animaux?

GAGNANT:　　　　　　　　POINTS:

TU PRÉFÈRES...

ne pas pouvoir manger de bonbons pendant un an

OU

ne pas pouvoir regarder la télé pendant un an?

GAGNANT: POINTS:

TU PRÉFÈRES...

nager avec les dauphins

OU

voler avec les oiseaux?

GAGNANT: POINTS:

TU PRÉFÈRES...

boire du jus d'orange salé

OU

de l'eau poivrée?

GAGNANT: POINTS:

TU PRÉFÈRES...

aller à l'école en pyjama

OU

en sous-vêtements au supermarché?

GAGNANT: POINTS:

TU PRÉFÈRES...

être tout le temps en chaussettes

OU

tout le temps en chaussures, même pour dormir?

GAGNANT:　　　　　　　　　POINTS:

TU PRÉFÈRES...

avoir les dents rouges

OU

les cheveux bleus?

GAGNANT:　　　　　　　　　POINTS:

TU PRÉFÈRES...

redevenir un bébé

OU

avoir 20 ans?

GAGNANT:　　　　　POINTS:

TU PRÉFÈRES...

dormir dans la baignoire
de la salle de bains

OU

sur le sol du salon?

GAGNANT:　　　　　POINTS:

TU PRÉFÈRES...

chanter à chaque fois que tu parles

OU

danser à chaque fois que tu marches?

GAGNANT: POINTS:

TU PRÉFÈRES...

sauter en parachute

OU

faire de la plongée sous-marine?

GAGNANT: POINTS:

TU PRÉFÈRES...

manger une plaquette de beurre

OU

manger un ver de terre?

GAGNANT:　　　　　　　POINTS:

TU PRÉFÈRES...

avoir une tête de rhinocéros
et un corps humain

OU

une tête d'humain et
un corps de rhinocéros?

GAGNANT:　　　　　　　POINTS:

TU PRÉFÈRES...

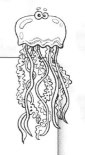

ne plus jamais pouvoir plier tes coudes

OU

ne plus jamais pouvoir plier tes genoux?

GAGNANT: POINTS:

TU PRÉFÈRES...

personne ne te regarde

OU

que tout le monde te tire la langue?

GAGNANT: POINTS:

TU PRÉFÈRES...

caresser un hérisson

OU

prendre une méduse dans tes bras?

GAGNANT: POINTS:

TU PRÉFÈRES...

être enrhumé tout le temps

OU

avoir le hoquet 3 heures par jour?

GAGNANT: POINTS:

JEU DÉCISIF

TU PRÉFÈRES...

vivre dans une maison sans fenêtres

OU

vivre dans une maison sans portes

GAGNANT: POINTS:

PARTIE 1

NOM DU JOUEUR	POINTS

GAGNANT:

NOMBRE DE POINTS:

PARTIE N°2

TU PRÉFÈRES...

être suivi tout le temps par 10 rats

OU

être suivi tout le temps par tes parents?

GAGNANT: POINTS:

TU PRÉFÈRES...

laver la vaisselle

OU

préparer la cuisine?

GAGNANT: POINTS:

TU PRÉFÈRES...

devoir marcher comme un crabe

OU

devoir marcher en sautant à cloche-pieds?

GAGNANT: POINTS:

TU PRÉFÈRES...

manger de la terre

OU

manger du sable?

GAGNANT: POINTS:

TU PRÉFÈRES...

avoir des cheveux en spaghettis

OU

avoir des cheveux en barbe à papa?

GAGNANT: POINTS:

TU PRÉFÈRES...

regarder un dessin animé sans son

OU

écouter un dessin animé sans image?

GAGNANT: POINTS:

TU PRÉFÈRES...

que ton maitre/ta maitresse vienne dîner tous les soirs à la maison

OU

que tes parents mangent tous les midis à l'école?

GAGNANT: POINTS:

TU PRÉFÈRES...

passer une nuit dans un igloo

OU

dans une cabane dans la forêt?

GAGNANT: POINTS:

TU PRÉFÈRES...

avoir 4 oreilles mais pas de nez

OU

4 nez mais pas d'oreilles?

GAGNANT: POINTS:

TU PRÉFÈRES...

lire un livre sous la pluie

OU

lire un livre à l'envers?

GAGNANT: POINTS:

TU PRÉFÈRES...

serrer la main à une pieuvre

OU

faire un bisous à une araignée?

GAGNANT: POINTS:

TU PRÉFÈRES...

avoir une voix très aigue

OU

avoir une voix très grave?

GAGNANT: POINTS:

TU PRÉFÈRES...

découvrir que tes parents sont des agents secrets

OU

que ce sont des extra-terrestres?

GAGNANT: POINTS:

TU PRÉFÈRES...

faire caca par la bouche

OU

manger par les fesses?

GAGNANT: POINTS:

TU PRÉFÈRES...

qu'un hippopotame te lèche le visage

OU

qu'un crapaud te lèche les pieds?

GAGNANT: POINTS:

TU PRÉFÈRES...

manger ta purée avec un couteau

OU

la manger avec une paille?

GAGNANT: POINTS:

TU PRÉFÈRES...

prendre une douche tous les jours mais froide

OU

prendre une douche une fois par mois mais chaude?

GAGNANT: POINTS:

TU PRÉFÈRES...

ne plus avoir de devoirs du tout

OU

que l'école te donne 5 euros à chaque fois que tu fais tes devoirs?

GAGNANT: POINTS:

TU PRÉFÈRES...

explorer l'espace

OU

explorer le fond des océans?

GAGNANT: POINTS:

TU PRÉFÈRES...

voir un renard avec un foulard

OU

voir un phoque en petite culotte?

GAGNANT: POINTS:

JEU DÉCISIF

TU PRÉFÈRES...

dormir 20h par jour

OU

2h par jour?

GAGNANT: POINTS:

PARTIE 2

NOM DU JOUEUR	POINTS

GAGNANT:

NOMBRE DE POINTS:

PARTIE N°3

TU PRÉFÈRES...

marcher pendant 5 kilomètres
en shorts et tongs sous la neige

OU

marcher pendant 5 kilomètres
en combi de ski en plein soleil d'été?

GAGNANT: POINTS:

TU PRÉFÈRES...

que tout le monde te trouve drôle

OU

que tout le monde te trouve intelligent?

GAGNANT: POINTS:

TU PRÉFÈRES...

lécher le dessous de ta chaussure

OU

lécher le dos d'un chien?

GAGNANT: POINTS:

TU PRÉFÈRES...

boire un verre de sauce épicée

OU

manger des croquettes pour chat?

GAGNANT: POINTS:

TU PRÉFÈRES...

avoir des mains à la place des pieds

OU

des pieds à la place des mains?

GAGNANT: POINTS:

TU PRÉFÈRES...

pouvoir conduire

OU

pouvoir lire dans les pensées des autres?

GAGNANT: POINTS:

TU PRÉFÈRES...

chanter en rotant

OU

parler en pétant?

GAGNANT: POINTS:

TU PRÉFÈRES...

porter un t-shirt mouillé toute une journée

OU

les mêmes chaussettes pendant un mois?

GAGNANT: POINTS:

TU PRÉFÈRES...

avoir une boite magique
qui fait les devoirs à ta place

OU

une boite magique qui fabrique
des bonbons?

GAGNANT: POINTS:

TU PRÉFÈRES...

que tes oreilles soient faites en fromage

OU

que ton nez soit fait en chocolat?

GAGNANT: POINTS:

TU PRÉFÈRES...

promener un chien

OU

être promené dans une voiture conduite par un chien?

GAGNANT: POINTS:

TU PRÉFÈRES...

pouvoir voler

OU

être invisible?

GAGNANT: POINTS:

TU PRÉFÈRES...

avoir ta chambre peinte en rose

OU

peinte en noir?

GAGNANT:　　　　　　POINTS:

TU PRÉFÈRES...

manger un citron entier

OU

une pomme de terre crue?

GAGNANT:　　　　　　POINTS:

TU PRÉFÈRES...

perdre toutes tes dents

OU

ne plus avoir de pouce?

GAGNANT: POINTS:

TU PRÉFÈRES...

marcher à quatre pattes

OU

ne pouvoir marcher qu'en arrière?

GAGNANT: POINTS:

TU PRÉFÈRES...

avoir toujours envie d'éternuer

OU

avoir toujours toujours envie de faire caca?

GAGNANT:　　　　　　POINTS:

TU PRÉFÈRES...

être couvert de poils

OU

être couvert d'écailles?

GAGNANT:　　　　　　POINTS:

TU PRÉFÈRES...

vivre pour le reste de ta vie dans un zoo

OU

dans un parc d'attractions?

GAGNANT: POINTS:

TU PRÉFÈRES...

être ami avec un fantôme

OU

une sorcière?

GAGNANT: POINTS:

JEU DÉCISIF

TU PRÉFÈRES...

chanter comme une casserole

OU

danser comme un balai?

GAGNANT: POINTS:

PARTIE 3

NOM DU JOUEUR	POINTS

GAGNANT:

NOMBRE DE POINTS:

PARTIE N°4

TU PRÉFÈRES...

dormir avec des souris

OU

prendre un bain avec des cafards?

GAGNANT: POINTS:

TU PRÉFÈRES...

être beau mais sentir mauvais

OU

avoir la peau verte mais sentir bon?

GAGNANT: POINTS:

TU PRÉFÈRES...

avoir du chewing-gum collé
dans tes cheveux

OU

marcher pieds-nus
dans du crotin de cheval?

GAGNANT: POINTS:

TU PRÉFÈRES...

manger des trognons de pomme

OU

des peaux de banane?

GAGNANT: POINTS:

TU PRÉFÈRES...

donner un bain à un crocodile

OU

nager dans la piscine avec un requin?

GAGNANT: POINTS:

TU PRÉFÈRES...

que ce soit Noël tous les jours

OU

que ce soit ton anniversaire tous les jours?

GAGNANT: POINTS:

TU PRÉFÈRES...

faire pipi dans ta culotte chez un copain

OU

faire un prout en classe?

GAGNANT: POINTS:

TU PRÉFÈRES...

laver toute la maison

OU

ou laver seulement les toilettes mais avec ta brosse à dents?

GAGNANT: POINTS:

TU PRÉFÈRES...

être disputé par tes parents

OU

être disputé par un inconnu?

GAGNANT: POINTS:

TU PRÉFÈRES...

miauler à chaque fois que tu pleures

OU

hennir à chaque fois que tu ris?

GAGNANT: POINTS:

TU PRÉFÈRES...

avoir des cheveux qui sentent le fromage

OU

la bouche qui sente l'ail?

GAGNANT: POINTS:

TU PRÉFÈRES...

faire du vélo sur du sable

OU

faire du roller sur de la glace?

GAGNANT: POINTS:

TU PRÉFÈRES...

voyager dans le passé

OU

voyager dans le futur?

GAGNANT: POINTS:

TU PRÉFÈRES...

conduire un scooter volant

OU

un train décapotable?

GAGNANT: POINTS:

TU PRÉFÈRES...

écrire un livre sur comment manger de la boue

OU

écrire une chanson sur la joie de faire pipi dans son pantalon?

GAGNANT: POINTS:

TU PRÉFÈRES...

te brosser les dents avec du shampooing

OU

te laver les cheveux avec du dentifrice?

GAGNANT: POINTS:

TU PRÉFÈRES...

manger 6 mouches vivantes

OU

une grenouille morte?

GAGNANT:　　　　　　　　POINTS:

TU PRÉFÈRES...

qu'un chien soit Président de la République

OU

qu'une famille panda devienne tes voisins?

GAGNANT:　　　　　　　　POINTS:

TU PRÉFÈRES...

avoir trop chaud

OU

avoir trop froid?

GAGNANT: POINTS:

TU PRÉFÈRES...

savoir parler aux animaux terrestres

OU

savoir parler aux animaux marins?

GAGNANT: POINTS:

JEU DÉCISIF

TU PRÉFÈRES...

trouver un trésor caché

OU

un dinosaure vivant?

GAGNANT: POINTS:

PARTIE 4

NOM DU JOUEUR	POINTS

GAGNANT:

NOMBRE DE POINTS:

PARTIE N°5

TU PRÉFÈRES...

porter une carapace toute ta vie comme les tortues

OU

avoir des sabots comme les chevaux?

GAGNANT:　　　　　　　　POINTS:

TU PRÉFÈRES...

mettre plein de photos de vaches dans ta chambre

OU

mettre un poster géant de ta mamie?

GAGNANT:　　　　　　　　POINTS:

TU PRÉFÈRES...

mettre des gants aux pieds

OU

des chaussettes aux mains?

GAGNANT: POINTS:

TU PRÉFÈRES...

aller à l'école sur le dos d'une girafe

OU

sur le dos d'un gorille?

GAGNANT: POINTS:

TU PRÉFÈRES...

remplacer le maitre/lamaitresse dans la classe

OU

que tes parents remplacent le maitre/la maitresse?

GAGNANT:　　　　　　POINTS:

TU PRÉFÈRES...

parler avec une voix bizarre comme Donald Duck

OU

faire des bulles à chaque fois que tu parles?

GAGNANT:　　　　　　POINTS:

TU PRÉFÈRES...

vivre dans une famille de serpents

OU

vivre dans une famille de rats?

GAGNANT: POINTS:

TU PRÉFÈRES...

changer la couche d'un bébé

OU

lui enlever ses crottes de nez?

GAGNANT: POINTS:

TU PRÉFÈRES...

passer une nuit à l'école avec tes copains

OU

passer une nuit dans la forêt avec tes copains?

GAGNANT: POINTS:

TU PRÉFÈRES...

que tout ce que tu touches se transforme en or

OU

en nourriture?

GAGNANT: POINTS:

TU PRÉFÈRES...

manger tes crottes de nez

OU

ravaler ton vomi?

GAGNANT: POINTS:

TU PRÉFÈRES...

que ton corps devienne vert quand il pleut

OU

tes cheveux deviennent rouges quand il fait beau?

GAGNANT: POINTS:

TU PRÉFÈRES...

manger du foin

OU

arracher une poignée d'orties à mains nues?

GAGNANT: POINTS:

TU PRÉFÈRES...

venir à l'école avec des chaussures différentes à chaque pied

OU

venir à l'école avec les chaussons de ton papi ou de ta mamie?

GAGNANT: POINTS:

TU PRÉFÈRES...

boire dans une flaque d'eau dans la rue

OU

boire l'eau de la baignoire
après avoir lavé un chien?

GAGNANT: POINTS:

TU PRÉFÈRES...

être capable de te camoufler
comme un camaléon

OU

de respirer sous l'eau pendant 2 heures?

GAGNANT: POINTS:

TU PRÉFÈRES...

que chaque aliment que tu manges ait un goût de bananes?

OU

que chaque chose que tu sens ait une odeur de bouse de vache?

GAGNANT: POINTS:

TU PRÉFÈRES...

devenir invisible quand tu veux

OU

faire disparaitre les personnes que tu veux sur commande?

GAGNANT: POINTS:

TU PRÉFÈRES...

avaler ton chewing-gum

OU

tes pelures d'ongle?

GAGNANT: POINTS:

TU PRÉFÈRES...

passer une semaine de vacances avec le maitre/la maitresse

OU

avec le Président de la République?

GAGNANT: POINTS:

JEU DÉCISIF

TU PRÉFÈRES...

avoir des jambes de fourmi

OU

des bras de 3 mètres?

GAGNANT: POINTS:

PARTIE 5

NOM DU JOUEUR	POINTS

GAGNANT:

NOMBRE DE POINTS:

PARTIE N°6

(À INVENTER)

TU PRÉFÈRES...

....

OU

....

GAGNANT:　　　　　　POINTS:

TU PRÉFÈRES...

....

OU

....

GAGNANT:　　　　　　POINTS:

TU PRÉFÈRES...

....

OU

....

GAGNANT: POINTS:

TU PRÉFÈRES...

....

OU

....

GAGNANT: POINTS:

TU PRÉFÈRES...

....

OU

....

GAGNANT:　　　　　　　　POINTS:

TU PRÉFÈRES...

....

OU

....

GAGNANT:　　　　　　　　POINTS:

TU PRÉFÈRES...

OU

GAGNANT: POINTS:

TU PRÉFÈRES...

OU

GAGNANT: POINTS:

TU PRÉFÈRES...

....

OU

....

GAGNANT: POINTS:

TU PRÉFÈRES...

....

OU

....

GAGNANT: POINTS:

TU PRÉFÈRES...

....

OU

....

GAGNANT: POINTS:

TU PRÉFÈRES...

....

OU

....

GAGNANT: POINTS:

TU PRÉFÈRES...

OU

GAGNANT: POINTS:

TU PRÉFÈRES...

OU

GAGNANT: POINTS:

TU PRÉFÈRES...

....

OU

....

GAGNANT: POINTS:

TU PRÉFÈRES...

....

OU

....

GAGNANT: POINTS:

TU PRÉFÈRES...

....

OU

....

GAGNANT: POINTS:

TU PRÉFÈRES...

....

OU

....

GAGNANT: POINTS:

TU PRÉFÈRES...

....

OU

....

GAGNANT:　　　　POINTS:

TU PRÉFÈRES...

....

OU

....

GAGNANT:　　　　POINTS:

TU PRÉFÈRES...

....

OU

....

GAGNANT: POINTS:

TU PRÉFÈRES...

....

OU

....

GAGNANT: POINTS:

TU PRÉFÈRES...

....

OU

....

GAGNANT: POINTS:

TU PRÉFÈRES...

....

OU

....

GAGNANT: POINTS:

JEU DÉCISIF

TU PRÉFÈRES...

OU

GAGNANT:　　　　　POINTS:

PARTIE 6

NOM DU JOUEUR	POINTS

GAGNANT:

NOMBRE DE POINTS:

COMPTAGE DES POINTS DE TOUTES LES PARTIES

PARTIES

NOM DU JOUEUR	POINTS

GAGNANT:

NOMBRE DE POINTS:

DIPLÔME

décerné à:

prénom:

nom:

pour être une légende au jeu «Tu préfères quoi».

date

signature